AF402178

ASSOCIATION

GÉNÉRALE

DE PATRONAGE ET DE MUTUALITÉ.

Les noms des Associés-Fondateurs seront publiés en tête
de la prochaine édition des Statuts et du Règlement d'administration. Cette édition sera tirée à *un million* d'exem-
plaires.

ASSOCIATION

GÉNÉRALE

DE PATRONAGE ET DE MUTUALITÉ

AU PROFIT

DES CLASSES OUVRIÈRES

DE L'UN ET L'AUTRE SEXE.

SOLIDARITÉ MORALE ENTRE TOUS LES ASSOCIÉS.

AVANCES DE FONDS AUX ASSOCIÉS TRAVAILLEURS.

ASSISTANCE POUR LES TEMPS DE CHÔMAGE.

PENSIONS POUR LA VIEILLESSE OU L'INCAPACITÉ DE TRAVAIL.

BIBLIOTHÈQUE NATIONALE R.F. IMPRIMÉS.

Que l'on n'appelle pas cette association une institution *aristocratique*, car elle n'établit qu'une mutualité proportionnelle, dont profitera peut-être un jour, comme le plus pauvre, le plus riche associé d'aujourd'hui, si des revers de fortune venaient à le frapper, comme nous en avons tant d'exemples.

La démocratie consiste dans l'égalité des droits civils et politiques pour tous les citoyens.

L'égalité ne peut exister dans la mutualité. Pour arriver à des résultats applicables, il faudrait qu'elle existât dans les fortunes. Le communisme ou l'égalité dans la misère, ce qui est tout un, le partage égal de tous les biens, ce qui durerait 24 heures, n'engendreraient que l'état sauvage.

Cette association toute fraternelle ne se comprend, n'est possible que dans l'état de civilisation chrétienne et sociale que nous devons améliorer, mais que nous devons défendre dans l'intérêt de tous.

H. DE LA ROCHEJAQUELEIN.

IMPRIMERIE

DE HENNUYER ET Cᵉ, RUE LEMERCIER, 24.

BATIGNOLLES.

1849

ASSOCIATION

GÉNÉRALE

DE PATRONAGE ET DE MUTUALITÉ

AU PROFIT DES CLASSES OUVRIÈRES

DE L'UN ET DE L'AUTRE SEXE.

———

Depuis longtemps j'avais conçu le plan d'une vaste Association de patronage et de mutualité, dans l'intérêt des classes ouvrières de l'un et de l'autre sexe. Ma première intention avait été d'en faire l'essai en l'appliquant aux ouvriers et marins de la Loire.

Je m'en abstins sous le dernier Gouvernement. Tout lui portait ombrage, et j'avais de bonnes raisons de craindre qu'il ne voulût s'emparer de mon projet, ou que, tout au moins, il ne cherchât à l'entraver.

Immédiatement après Février, comment aurais-je pu me décider à le mettre au jour, au milieu de ce tohu-bohu d'idées plus *socialistes* que *sociales*, parmi lesquelles les miennes eussent été confondues?

Qui sait même si, alors, on ne m'eût pas soupçonné d'agir sous l'impression de *la peur?*... (le mot est à la mode.) Je dois dire cependant que, quoiqu'il ne soit pas dans ma nature de subir l'influence d'un sentiment si bas, ma situation politique particulière, et les témoignages de confiance si multipliés que m'ont donnés les ouvriers de Paris, m'auraient mis, je le pense, à l'abri d'un pareil soupçon.

Aujourd'hui, je n'ai peur ni plus ni moins qu'en aucun autre temps; mais je crois le bon sens plus de mise que dans les premiers mois d'une fièvre que l'on comprend, que l'on excuse chez ceux qui souffrent, et qui, d'ailleurs, trouve toujours son remède et dans leur cœur et dans leur raison; je crois le moment venu, non-seulement de produire enfin mon projet, mais encore d'en étendre l'application à la France entière.

Tout le monde se préoccupe sérieusement, à l'heure qu'il est, des questions d'économie sociale qui remuent si profondément les masses. Chaque jour voit éclore et disparaître une conception nouvelle. Il en est de fort ingénieuses, sans doute; je n'en ai pu distinguer aucune, jusqu'ici, qui fût acceptable au point de vue pratique.

Un excellent et digne ouvrier, M. MAINCE, m'a fait part de ses idées. Je les ai soumises à une étude approfondie : elles ne m'ont point paru réalisables....

La création *d'hôtels d'invalides civils* à Paris et dans les départements coûterait des sommes énormes. Où prendrait-on les frais de premier établissement? Quelles ne seraient pas les dépenses annuelles d'entretien et d'administration? Quelles difficultés n'y aurait-il pas à maintenir, dans ces maisons, l'ordre et la régularité, à prévenir ou réprimer les abus?

Est-il bien convenable, d'ailleurs, de ravir aux affections de sa famille, d'isoler de sa femme et de ses enfants, l'ouvrier vieux ou infirme, qui ne saurait trouver dans les jouissances d'un bien-être exclusivement matériel la compensation des privations de tous les jours que lui imposerait cet isolement?

Une telle institution peut séduire les imaginations ardentes, et caresser la vanité des fondateurs opulents qui se résoudraient à y affecter une partie de leur fortune; elle a une apparence de grandeur qui fascine au premier abord.

J'ai, pour mon compte, donné la préférence à un autre système. Il faut que l'ouvrier condamné à l'inaction par des circonstances indépendantes de sa volonté puisse trouver, dans une combinaison simple et d'une pratique facile, le moyen d'obtenir du travail d'abord ou des avances, à défaut de travail des secours à domicile pendant la durée du chômage, et une pension viagère, enfin, si des infirmités incurables, ou le poids de la vieillesse lui rendaient désormais tout travail impossible.

On parviendrait ainsi à résoudre progressivement, sans froissement et sans contrainte, sans troubles et sans révolutions, le problème si longtemps posé de l'extinction du paupérisme.

Je vais essayer de rendre parfaitement intelligibles les dispositions peu nombreuses que j'ai concertées avec M. Dessauret, avocat, mon ancien collègue à la Chambre des députés, qui s'est chargé de dresser les statuts de l'Association à fonder. J'entrerai dans peu de détails, car l'enchaînement des articles du projet en fait, si je ne me trompe, surabondamment ressortir les motifs.

Les deux grandes divisions de la société : ceux qu'on appelle *riches*, et qui ne le sont que relativement, ceux qu'on appelle *ouvriers*, et qui ne trouvent que dans le prix de leurs fatigues le moyen de pourvoir à leur subsistance, s'uniraient par un lien indissoluble; les premiers à titre de *patronage*, les seconds à titre de *mutualité*, afin de créer des ressources tournant au profit de ceux-ci, et qui n'exigeraient, de la part des premiers, que des sacrifices en rapport avec le niveau si abaissé de toutes les fortunes, et, de la part des seconds, qu'une contribution imperceptible.

Elles seraient telles cependant que, dès le jour même où l'œuvre prendrait naissance, le travailleur momentanément inoccupé pût y puiser des secours temporaires efficaces, et espérer, pour le moment où l'heure d'un repos absolu et forcé aurait sonné pour lui, des garanties assurées contre les atteintes de la misère et les angoisses de la faim.

Tel est, en effet, le but que je me suis proposé d'atteindre. En voici le moyen, dont la réalisation est certaine :

Les associés à titre de *patronage*... Que l'on ne s'effarouche pas du mot : il n'implique aucune idée de privilége ou de supériorité, de protection orgueilleuse ou d'ambitieuse domination. Le patron est l'égal de celui dont il épouse et défend les intérêts. En l'aidant, il remplit un devoir, il n'exerce pas un droit ; il pratique les principes de la véritable *fraternité*, et ne fait pas autre chose..... Les associés donc, à titre de patronage, souscriront aux dépenses de la Société pour une somme de *quatre* francs par mois, *quarante-huit* francs par an !

Quel est celui qui, n'étant pas obligé d'arroser son pain de ses sueurs, et qui, pouvant faire un peu de bien, ne consacre pas *treize centimes* chaque jour à l'accomplissement de cette œuvre sacrée ?

Quelle est aussi l'assistance plus utile, plus morale,

plus éminemment évangélique, que celle qui ne profite ni à la paresse ni à la débauche, qui soulage les maux immérités, qui va chercher dans leurs pauvres mansardes les victimes d'une inactivité contrainte; ces ouvriers pleins d'âme et de cœur, pour lesquels un labeur de tous les jours, quelque dur qu'il puisse être, est comme une obligation d'honneur et de conscience, qui s'y livrent avec constance, j'ai presque dit avec bonheur, et qui ne souhaitent rien tant que d'en ressaisir les instruments au plus tôt?

Les associés à titre de *mutualité* fourniront leur contingent aussi, prélevé, sans dommage pour eux, sur leur salaire quotidien, n'excédant pas *un franc* par mois, un peu plus de trois centimes par jour!...

C'est le denier du pauvre mis en dépôt et en valeur dans une caisse commune, destiné à lui faire retour, si ses forces le trahissent, s'il ne peut plus se suffire à lui-même; mais alors considérablement accru et sagement réparti.

Dans cette caisse commune se confondront par conséquent les offrandes versées par tous dans la mesure de l'avoir de chacun. Là, sont les bases d'une solidarité vraie; car il adviendra plus d'une fois que les rôles seront intervertis, et que tel qui aura souscrit à titre de patronage, s'estimera très-heureux un jour, peut-être, de trouver pour lui-même, dans ce trésor amassé par les soins de tous, un soulagement à des douleurs imprévues.

Des renseignements pris avec le plus grand soin, des investigations minutieuses à Paris et dans les départements ont fait connaître qu'un dixième des véritables ouvriers des deux sexes, quels que soient leur ardeur au travail et l'excellent vouloir qui les anime, est, par diverses causes et en temps ordinaire, fatalement condamné à un chômage funeste durant une moyenne de deux à trois mois, que nous élevons jusques à quatre, chaque année, et qu'un vingtième est contraint, par l'âge ou des infirmités précoces et incurables, à renoncer, absolument et pour le reste de ses jours, à la vie active.

De là l'impérieuse nécessité de secourir, durant une moyenne de quatre mois aussi chaque année, un dixième des associés à titre de mutualité, et de créer, au moins après un certain laps de temps [1], des pensions viagères au profit d'un vingtième.

Souvent la privation d'un faible capital, une pénurie momentanée, rendent impossibles aux plus intelligents parmi ceux qui travaillent, une entreprise utile, une tentative profitable qui, leur ouvrant une voie nouvelle, assureraient leur avénement à la fortune.

Ce capital qui leur fait défaut, l'association doit s'appliquer à le leur fournir à bon compte, sans compromettre néanmoins les intérêts de l'œuvre principale.

Tout cela peut-il s'accomplir ?

---

[1] Dans l'intervalle, et en attendant que l'œuvre soit dotée d'un capital suffisant pour que son produit annuel, s'additionnant avec la part d'annuités destinées au service des pensions, puisse subvenir complétement aux nécessités de ce service, les associés pouvant prétendre à la pension, recevront des secours. Les ressources provenant de l'accumulation des intérêts composés perçus de six en six mois y seront consacrées. C'est une réserve dont il n'a pas été tenu compte dans les calculs reproduits au tableau annexé à la suite des statuts et du règlement d'administration. On n'a compris, en effet, dans ces calculs, que les intérêts à courir année par année.

Oui, quand notre projet sera mis à exécution..., et je le prouve...

L'Association est fondée. Pour la facilité des calculs, j'en réduis infiniment les proportions; quelle que soit son extension, les résultats sont pareils...

Mille souscripteurs à titre de patronage apportent, chaque année, leur contingent individuel de quarante-huit francs.

Quatre mille souscripteurs à titre de mutualité apportent le leur aussi : il est de douze francs pour chacun et par an. (On voudra bien remarquer que ceux-ci ne devront jamais être qu'en nombre quadruple de ceux-là, afin qu'en tout état de choses la combinaison demeure la même.)

La recette annuelle est de. . . . . . . 96,000 fr.

Il faut, toutefois, en déduire les non-valeurs résultant de ce que 400 associés à titre de mutualité, secourus pendant quatre mois (cent vingt jours), en moyenne, seront dispensés, durant cette période, de verser leur cotisation. Ces non-valeurs représentent une somme de. . . . . . . 1,600 fr.

Autre déduction :

Celle de 1/20ᵉ des recettes réalisées, pour frais d'administration. . . . . 4,720 fr.   6,320 fr.

Restent annuellement disponibles. . . . 89,680 fr.

Les secours à 400 associés, évalués en moyenne à 1 fr. par jour et pour chacun, absorbent, en cent vingt jours. . . . . . 48,000 fr.

Réserve annuelle pour pensions. . . . 41,680 fr.

Cette réserve doit être mise en valeur. L'Administration de l'œuvre n'aura le maniement d'aucun fonds : tout le numéraire provenu des souscriptions sera régulièrement déposé à la Banque de France; mais il ne séjournera dans ses coffres que jusqu'à ce qu'il soit productivement employé, notamment en acquisition de rentes sur l'Etat, et cet emploi sera fait de six mois en six mois au moins.

Il ne faut point perdre de vue, d'ailleurs, que des avances devront être faites aux associés à titre de mutualité, qui en auront besoin, et qui présenteront des garanties suffisantes soit par eux-mêmes, soit par des répondants qui le plus souvent seront pris parmi les patrons. L'intérêt n'en sera perçu que sur le pied de 4 pour 100 par an, afin que les prêts de cette nature soient en tous points avantageux aux emprunteurs. J'ai donc cru devoir n'admettre que sur cette base le produit des fonds réservés : seulement il importe de remarquer que ce produit annuel se capitalisera lui-même, jusqu'à ce qu'il soit absorbé à son tour. Il y aura bien quelques mécomptes, sans doute !

Sans reproduire les chiffres d'une opération arithmétique, dont chacun peut vérifier l'exactitude [1], en voici le résultat :

Après dix années révolues de perception, le total dés annuités successives de. . . . .   41,680 fr.

---

[1] Voir le tableau annexé à la suite du règlement général d'administration.

Ce tableau est dressé sur des bases plus larges que le résumé ci-dessus. Il indique quelles seront les opérations au moment où elle comptera 25,000 associés à titre de patronage, et 100 mille à titre de mutualité.

augmenté de l'accumulation , pendant la
même période, des intérêts composés calculés à raison de 4 pour 100, s'élève à. . 500,405 fr.
dont l'intérêt est, pour le cours de l'année suivante, de. . . . . 20,016 fr.
lesquels joints à l'annuité ordinaire de. . . . . 41,680 fr.
donnent un total de. . . 61,696 fr.
200 pensions à 300 fr. l'une
n'exigent que . . . . 60,000 fr.
restent donc en excédant, à la
fin de la onzième année. . . . 1,696 fr.

Je n'ai pas besoin de faire observer que cette situation est fixe désormais, et que le service est assuré pour toujours.

Que l'on suppose maintenant l'Association comprenant cent mille souscripteurs à titre de patronage, et quatre cent mille à titre de mutualité; que l'on suppose quarante mille souscripteurs secourus dès la première année, vingt mille pensionnaires quand arrivera la onzième, on n'aura pas moins le moyen de pourvoir à tout. Les ressources se seront accrues dans la proportion des besoins. On possédera en effet :

6,169,600 fr.
pour servir 20,000 pensions coûtant . . 6,000,000 fr.

Excédant. . . 169,600 fr.

Voilà donc ce que nous aurons fait... : sur 400,000 travailleurs, 40,000 secourus tous les ans dès la première année; et puis, dès la onzième, 20,000 admis à la jouissance d'une pension de 300 fr.!!!

Est-ce tout? Ah! si la Providence bénit notre entreprise,

espérons, non-seulement, que les souscripteurs accour-
ront de tous les points de ce généreux pays de France, où
la fibre de la fraternité véritable ne cessera jamais d'être
la plus sensible, mais que le gouvernement, les départements, les communes s'empresseront aussi de prêter
leur concours ; espérons que de nombreuses libéralités
accroîtront nos ressources ; que, bien antérieurement à
une époque qu'on n'a voulu déterminer qu'avec une
précision rigoureuse, des pensions pourront être li-
quidées ; qu'en dehors de nos prévisions avouées, des
écoles pourront être ouvertes dans les plus petites communes de France, où les enfants des ouvriers membres
de l'Association recevront, sans perdre de vue le toit paternel, une éducation morale, religieuse, éminemment
française, une instruction solide et réellement progressive;
que, pour leurs familles, dans nos grandes cités, des
maisons spacieuses pourront être construites, où elles
trouveront, à bas prix, une habitation simple, mais saine
et commode.

Pour faire beaucoup de bien, souvent, il suffit de le
vouloir avec persévérance. Nous le voulons et nous per-
sévérerons.

Toutefois, une pareille entreprise ne peut être tentée
sans la réalisation préalable d'un capital indépendant
des ressources que, plus tard, elle puisera en elle-
même.

Il sera nécessaire d'organiser, tout d'abord, une administration provisoire, peu nombreuse sans doute,
mais, tout entière, composée d'hommes intelligents, ac-
tifs, pleins de zèle, dévoués à l'accomplissement de leurs
devoirs, fermement résolus à consacrer tout leur temps,

à appliquer toutes leurs facultés au succès que nous désirons.

Ils devront donner à ce projet la plus grande publicité, entrer en correspondance avec tous les chefs de l'autorité administrative et de l'autorité judiciaire; avec tous les membres du clergé jusque dans les plus petites paroisses; avec les chefs des différents corps de l'armée, enfin, car nos soldats aussi seront appelés à souscrire : n'appartiennent-ils pas en grand nombre aux classes ouvrières? Ne reprendront-ils pas, en quittant leurs drapeaux, les instruments de leurs professions civiles? Leurs officiers ne seront-ils pas heureux de s'associer à nous à titre de patronage, et de leur donner cette preuve nouvelle d'un paternel attachement?

Il y aura donc à pourvoir à des frais considérables.

Il faudra louer un local pour l'Administration centrale, l'approprier à sa destination, le garnir d'un mobilier suffisant, assurer le traitement des employés, aviser aux frais de correspondance, d'impression, affiches, annonces toujours si coûteuses, et desquelles, pourtant, dépend en partie l'avenir des plus grandes, des plus utiles fondations...

On ne saurait réduire au-dessous des chiffres qui suivent l'appréciation de ces dépenses :

1° Location d'un local convenable. . . . 6,000 fr.

2° Appropriation de ce bâtiment à sa destination. 8,000

3° Acquisition d'un mobilier indispensable 8,000

4° Traitement d'un directeur et de cinq employés sous ses ordres 23,000

A reporter. 45,000

Report. 45,000

5° Gages d'un garçon de bureau, d'un garçon de peine, commissionnaires, etc. .   2,000

6° Dépenses de matériel, frais de bureau, éclairage, chauffage, annonces, frais de poste, impressions 65,000

7° Dépenses imprévues 8,000

TOTAL. . . . . . . 120,000 fr.

Il est difficile, dans les circonstances actuelles surtout, quand les fortunes les plus considérables sont compromises ou embarrassées, de trouver, dans un petit nombre de bourses, les fractions d'une somme pareille.

Cette difficulté, même, ne me décourage pas. J'ai pris la résolution de la surmonter. J'ai confiance dans les GENS DE BIEN qui veulent sérieusement dégager la situation fâcheuse où nous sommes, au point de vue *social* (j'emploie intentionnellement ce mot dont on a tant abusé).

Que deux cents personnes acceptent le titre d'associés-fondateurs de l'Institution. Qu'elles mettent à sa disposition, de mois en mois, pendant une année seulement, chacune la somme de cinquante francs, et tous les obstacles seront franchis.

Un an suffit à l'établissement de notre œuvre, si nous sommes bien secondés ; cent vingt mille francs sont assez pour les premières dépenses à faire. Les associés-fondateurs ne s'engageront à rien, en tout cas, en dehors de ces limites, si ce n'est au service de la cotisation commune à tous les associés à titre de patronage. Ils seront, dans l'avenir, les protecteurs les plus honorés et les plus utiles de l'Association ; ils prendront à son administration la part la plus directe et la plus élevée ; ils fourniront des membres à son Conseil supérieur ; ils en fourniront à la haute Commission de surveillance instituée pour en maintenir l'esprit, et la préserver de tous les écarts ; ils en seront, à toujours, l'âme et le bras.

Leur organisation devra se perpétuer aussi longtemps que l'œuvre elle-même.

Ils se recruteront, au besoin, dans les rangs de ceux qui, plus tard, deviendront ses bienfaiteurs à leur tour. Il s'en trouvera beaucoup assurément. La France ne sera pas toujours dans l'état de crise qui a tari, chez elle, toutes les sources du crédit. Le bon sens des masses est décidé à faire justice des rêveurs qui, depuis trop longtemps, ont envahi la scène politique, et lorsque nous aurons reconquis le repos qui nous est nécessaire, se produiront partout les effets merveilleux de la noble émulation qu'eux-mêmes ils auront excitée ; car, si par des expédients impossibles ils n'ont fait qu'aggraver encore le mal que leurs doctrines ont produit, au moins doit-on leur concéder, loyalement, le mérite de l'avoir mieux fait apprécier.

La classe ouvrière que je connais bien, qui ne perd pas la mémoire du cœur, qui sait rendre justice à qui l'aime sincèrement et pour elle, à qui ne cherche pas à l'exploiter au profit d'une ambition personnelle, gardera une éternelle reconnaissance à ceux qui s'associeront à ses sacrifices pour soulager ses souffrances.

Courage donc ! notre œuvre est susceptible des plus immenses développements.

La politique lui est parfaitement étrangère. Je le ré-
pète, c'est une solidarité réelle, unissant toutes les si-
tuations sociales, maintenant et à tout jamais, en dépit
des opinions qui divisent les hommes.

Objecterait-on que les moyens proposés pour cicatri-
ser la plaie qui nous dévore ne sont ni suffisamment to-
piques, ni suffisamment immédiats ? Je répondrai que
nul ne saurait dire tout ce qu'il y a de trésors de bienfai-
sance au fond du cœur de ceux auxquels je m'adresse,
et que les efforts communs qui vont être tentés peuvent
opérer des prodiges.

Combien de personnes s'inscrivant dans nos registres
matricules à titre de patronage, voudront que leurs cotisations excèdent largement le *minimum* fixé uniquement
pour que le bien à faire soit accessible à tout le monde !

Combien, dans les familles favorisées des dons de la
fortune, et dans la même famille, ne comptera-t-on pas
d'associés *patrons* ! Les enfants ambitionneront l'honneur d'être les émules de leurs pères, et les solliciteront
de faire accueillir leurs souscriptions en leur nom et
pour eux : les mères, toujours si ingénieuses à dé-
velopper, dans ceux qui leur doivent le jour, tous les
sentiments généreux, se feront une joie de les initier,
dès l'âge le plus tendre, au bonheur de faire le bien, et
croiront, en excitant leur zèle, attirer sur eux et pour
leur avenir les bénédictions d'en haut.

Combien de pieuses libéralités viendront successivement accroître nos ressources !

Combien de fondations utiles, d'ingénieuses combi-
naisons se grefferont avant peu sur cette œuvre ! Partout
surgissent des idées fécondes et des moyens nouveaux

de se vouer les uns aux autres, sous l'influence de ce contrat universel de patronage chrétien, de mutuelle assistance, d'échange *égal* et réciproque de services et de dévouement, consenti sous le sceau de la *liberté* de chacun et de la *fraternité* de tous.

De combien, enfin, toutes nos prévisions ne seront-elles pas dépassées !!!

Courage, encore une fois !…Courage et persévérance! C'est là notre devise, et Dieu nous aidera!

H. DE LA ROCHEJAQUELEIN,
Représentant du Morbihan.

Paris, le 20 février 1849.

ASSOCIATION GÉNÉRALE

DE PATRONAGE ET DE MUTUALITÉ.

PROJET DE STATUTS.

ARTICLE 1er.

Une Société générale de Patronage et de Mutualité, s'éten-
dant à toute la France, est fondée dans l'intérêt des classes
ouvrières de l'un et de l'autre sexe.

ART. 2.

Sont compris sous la dénomination d'*ouvriers*, tous les in-
dividus qui vivent du produit d'un travail manuel entrepris
pour leur propre compte ou pour le compte d'autrui, les gens
de service à gage, les artisans de tout métier, les travailleurs
de toute sorte, à la tâche ou à la journée.

ART. 3.

Sont associés à titre de patronage :

1° Les fondateurs de l'œuvre, qui ont pourvu aux frais de
son établissement et qui continueront de contribuer, dans les
proportions des autres associés au même titre, aux dépenses
de la Société.

Ils conserveront la dénomination d'Associés-fondateurs.

Leurs noms seront inscrits sur un tableau exposé dans la
salle des délibérations de l'Administration centrale.

2° Tous Français majeurs, ayant la pleine jouissance des

droits civils, qui prennent l'engagement de souscrire aux dépenses de la Société, jusques à concurrence de quatre francs
au moins par mois, pendant toute la durée de leur vie.

Art. 4.

L'institution des Associés-fondateurs est perpétuelle. Elle
se recrute, après chaque décès, parmi les bienfaiteurs de l'œuvre qui lui auront fait les dons les plus considérables.

Art. 5.

Les souscriptions supérieures à la somme de quatre francs
par mois sont reçues à titre de don ; elles peuvent toujours être
réduites, au gré des souscripteurs, au minimum déterminé
par l'article 3.

Art. 6.

Sont associés à titre de mutualité les ouvriers français,
majeurs et jouissant de tous les droits civils, qui s'engagent
à fournir une cotisation mensuelle de 1 franc (12 fr. par an).

Art. 7.

Les tiers sont admis à souscrire pour un ou pour plusieurs
associés, à titre de patronage et de mutualité, même pour des
mineurs, pourvu qu'ils soient nominativement désignés.

L'engagement qu'ils contractent les lie pour toute la vie de
chacun des associés qu'ils représentent, et oblige leur succes-
sion pour la valeur des cotisations applicables aux associés
qui leur survivent.

Art. 8.

Les associés à titre de mutualité ne peuvent être, au moins
provisoirement, qu'en nombre quadruple des associés à titre
de patronage.

Art. 9.

A partir du 1er janvier 1852, ne seront plus reçues les souscriptions offertes par quiconque aurait dépassé l'âge de trente ans révolus.

Art. 10.

Les associés à titre de patronage, qui seraient contraints de passer dans la classe des associés à titre de mutualité, peuvent y être admis sur leur demande motivée.

Leur cotisation, en ce cas, est réduite, pour l'avenir, à 1 fr. par mois, et ils jouissent de tous les avantages attachés à leur titre nouveau.

Art. 11.

Aucun individu condamné pour crime ou pour délit ne peut faire partie de la Société. Ceux qui, avant leur condamnation, étaient inscrits sur ses registres matricules en sont exclus.

Toutefois, il est loisible aux condamnés qui, après avoir subi leur peine, auront donné des gages de bonne conduite, de demander à être relevés de la prohibition ou de l'exclusion ci-dessus.

Art. 12.

Seront également exclus les membres de la Société qui contracteraient ou qui conserveraient des habitudes d'immoralité, de débauche, de paresse ou de prodigalité.

Art. 13.

Les souscripteurs qui, après trois avertissements préalables, auront laissé arrérager trois douzièmes de leur cotisation, sont réputés renoncer, par ce seul fait, aux bénéfices de l'Association, et ils cessent d'en faire partie.

Néanmoins, ils peuvent être relevés de cette déchéance aux conditions qui leur sont imposées par la décision prise sur leur demande.

Art. 14.

L'Association sera définitivement constituée, et sa durée prendra cours du jour où auront été recueillies dix mille souscriptions à titre de patronage, et quarante mille à titre de mutualité.

Les cotisations seront versées par fractions qui ne peuvent être moindres d'un douzième, et de mois en mois. Le premier douzième sera payé au moment de la souscription.

Art. 15.

La Société a pour objet :

1o De procurer, au besoin, du travail à ceux de ses membres à titre de mutualité, qui en manquent;

2° A défaut de travail, ou en cas d'infirmités ou maladies temporaires, de leur distribuer des secours à domicile;

3° D'assurer, à l'expiration d'une période de dix années révolues, à dater du jour de leur inscription sur les registres matricules, des pensions viagères à ceux auxquels un âge trop avancé ou des infirmités incurables rendraient désormais tout travail impossible.

Art. 16.

Il n'est dû des secours ou pensions qu'aux associés qui manquent des ressources nécessaires à leur existence.

Art. 17.

La valeur des secours varie, selon les lieux, les temps et les besoins, entre un *minimum* de cinquante centimes et un *maximum* de un franc cinquante centimes, par jour et pour chaque associé secouru.

Art. 18.

Les secours sont délivrés en argent ou en bons sur les fournisseurs d'objets ou denrées de première nécessité.

Art. 19.

L'associé secouru est, jusques au jour où il cesse de l'être, dispensé de payer sa cotisation mensuelle.

Art. 20.

Le taux de la pension est fixé à trois cents francs par an ; elle
est servie par douzièmes.

Art. 21.

L'associé pensionnaire cesse d'être porté sur les rôles de
cotisation.

Art. 22.

Tous les fonds provenant des souscriptions sont, dès qu'ils
sont parvenus à la Caisse centrale, et tous les trois jours, dé-
posés à la Banque de France.

Art. 23.

Il est fait emploi, tous les six mois, de l'excédant de ré-
cettes sur les dépenses, soit en acquisition de rentes sur
l'Etat, soit de toute autre façon reconnue aussi sûre et plus
profitable.

Art. 24.

Des avances de fonds, sur garanties jugées suffisantes, peuvent être faites aux associés à titre de mutualité seulement,
moyennant un intérêt annuel de 4 pour 100.

Art. 25.

La Société s'interdit toute acquisition de biens immeubles,
autres que l'hôtel destiné à son Administration centrale, s'il
y a lieu, et des maisons exclusivement affectées et appropriées
au logement de familles ouvrières dont les chefs sont inscrits
sur les registres matricules.

Art. 26.

La Société peut, en se conformant aux lois, accepter toutes
libéralités faites en sa faveur, soit par acte entre-vifs, soit par
dispositions à cause de mort.

Art. 27.

Le siége central de la Société est à Paris.

Elle est régie et administrée conformément au règlement général annexé aux présents Statuts.

Art. 28.

En aucun cas les frais d'administration, personnel et matériel compris, ne peuvent excéder le vingtième des recettes totales.

Art. 29.

Le ministre des finances sera invité à prescrire annuellement, s'il le juge convenable, l'inspection du service de la comptabilité, et à signaler au Conseil supérieur de la Société les abus ou malversations que ces inspections lui auraient révélés.

RÈGLEMENT GÉNÉRAL D'ADMINISTRATION.

ARTICLE 1er.

Le siége de l'Administration centrale est à Paris, et provisoirement établi rue Rumfort, n° 13, chez M. DESSAURET, avocat, ancien député.

ART. 2.

L'Administration centrale se compose d'un Directeur général et d'un Conseil supérieur de dix-huit membres, dont six sont pris parmi les associés-fondateurs, six parmi les associés à titre de patronage, et six parmi les associés à titre de mutualité.

Le Directeur général fait, en outre, partie du Conseil supérieur. Il y a voix délibérative, si ce n'est quand le Conseil est saisi de l'apurement des comptes et de l'examen critique des actes et des opérations des bureaux. En aucun cas il ne peut le présider.

ART. 3.

Le Directeur général est chargé de tous les actes et opérations de la Société, et de l'instruction de toutes les affaires.

Il figure en nom et stipule pour elle en tous contrats; il la représente en justice, soit en demandant, soit en défendant; néanmoins il ne peut prendre aucun engagement qui l'oblige, contracter, traiter, transiger, accepter ou répudier aucun don ou legs, ester en justice, sans une autorisation expresse délibérée en Conseil supérieur.

Il règle, prescrit, surveille et dirige le travail des bureaux. Il en est seul responsable.

Il nomme et révoque, au besoin, avec l'approbation du

Conseil supérieur, les employés salariés de l'Administration à Paris et dans les départements.

Art. 4.

Le Conseil supérieur se réunit, sans convocation, le 15 de chaque mois.

Il élit tous les ans, au 15 décembre, un président et un secrétaire pour toute la durée de l'année suivante.

Il peut être convoqué extraordinairement par le Directeur général, en cas d'urgence.

Art. 5.

Le Conseil supérieur statue sur les autorisations à donner au Directeur général, sur le meilleur emploi des capitaux, sur toutes demandes d'emprunts ou avances de fonds adressées à la Société, sur les garanties offertes, sur les termes de remboursement.

Il surveille le dépôt régulier à la Banque, de trois jours en trois jours, de toutes les sommes parvenues à la caisse centrale.

Il reçoit le compte-rendu des opérations du Directeur général et du travail des bureaux.

Il apure les comptes de l'Administration.

Il prépare chaque année, dans le mois de novembre, le budget des recettes et dépenses de l'exercice suivant.

Il prend les décisions à intervenir, en exécution des art. 10, 11, 12, 13 et 17 des Statuts.

Il délibère sur toutes les affaires de la Société.

Art. 6.

Ses décisions sont prises à la majorité des voix, et seulement lorsque les deux tiers au moins de ses membres sont présents.

Art. 7.

Le Directeur général et les membres du Conseil supérieur sont nommés en Assemblée générale des associés-fondateurs ;

le Directeur, à la majorité absolue des suffrages ; les membres du Conseil, par scrutin de liste et à la majorité relative.

ART. 8.

Le Directeur général ne peut être révoqué que par une décision prise en Assemblée générale des associés-fondateurs, sur la proposition expresse et motivée du Conseil supérieur, délibérée en l'absence du Directeur, mais après qu'il a été entendu.

ART. 9.

Des Conseils d'arrondissement et des Comités cantonaux seront successivement établis dans les départements, en proportion des développements de la Société, de telle sorte qu'il y ait un Conseil dans chaque arrondissement comptant trois cents souscripteurs au moins, et un Comité dans chaque canton qui en comptera cent cinquante, dont un tiers à titre de patronage et deux tiers à titre de mutualité.

ART. 10.

Les Conseils d'arrondissement siégent au chef-lieu.

Ils se composent de six associés à titre de patronage, de six associés à titre de mutualité, et d'un docteur en médecine, désignés par le Conseil supérieur.

En seront membres de droit et invités à prendre part à leurs travaux, si la ville chef-lieu est le siége d'un archevêché, d'un évêché, ou d'une Cour d'appel, l'archevêque, l'évêque et le premier président de la Cour ; s'il s'y trouve un ou plusieurs consistoires des cultes non catholiques, le président ou les présidents de ces consistoires ; et, en tout cas, le préfet ou le sous-préfet, les présidents des tribunaux civil et de commerce, le maire, l'officier supérieur de la garde nationale, le receveur général ou particulier des finances, les curés, desservants et vicaires des diverses paroisses de la ville, les ministres des cultes protestants, le rabbin israélite, le président du Conseil des prud'hommes, le bâtonnier de l'ordre des avocats, les présidents de la Chambre des avoués et de la Chambre des notaires.

Art. 11.

Les Conseils d'arrondissement élisent leur président chaque année.

Un titulaire salarié, chargé du travail matériel et de la correspondance, soit avec l'Administration centrale, soit avec les Comités cantonaux et les communes, remplit, près des Conseils d'arrondissement, les fonctions de secrétaire.

Il a voix consultative seulement.

Art. 12.

Les Comités cantonaux siégent au chef-lieu de canton.

Ils se composent de quatre associés à titre de patronage, de quatre associés à titre de mutualité, et d'un médecin, désignés par le Conseil d'arrondissement. En sont membres de droit : le juge de paix, le maire, l'officier supérieur de la garde nationale, les curés et vicaires du chef-lieu, et les ministres des cultes non catholiques, s'il y en a.

Art. 13.

Les Comités cantonaux élisent leur président chaque année.

Le greffier de la justice de paix y remplit les fonctions de secrétaire, avec voix consultative seulement.

Art. 14.

Les Conseils d'arrondissement et les Comités cantonaux peuvent délibérer, pourvu qu'un tiers au moins de leurs membres soient présents.

Art. 15.

Dans toutes les communes, les maires et adjoints, les curés, desservants et vicaires, les ministres des cultes non catholiques, l'officier supérieur de la garde nationale, les percepteurs de contributions directes, sont invités à correspondre soit avec l'Administration centrale, soit avec les Conseils d'arrondissement et les Comités cantonaux. Ils recueilleront, concurremment avec les membres de ces assemblées, les souscriptions sur des bulletins imprimés qui seront distribués à cette fin, et sur lesquels seront inscrits les nom, prénoms, âge, profession et demeure de chaque souscripteur.

Ces bulletins, constatant l'adhésion du souscripteur aux statuts de la Société, et l'engagement pris de payer, par douzième, au moins le montant des cotisations, soit par les souscripteurs eux-mêmes, soit en leur nom par des tiers, sont transmis, si dans l'arrondissement il n'existe pas encore de Conseil établi, au Directeur général ; s'il existe un Conseil d'arrondissement, à l'agent de l'Administration, secrétaire de ce Conseil, qui les classe par ordre alphabétique.

Art. 16.

Les percepteurs des contributions directes sont, moyennant une remise convenue entre eux et l'Administration centrale, et avec l'agrément du ministre des finances, préposés à la perception des cotisations mensuelles.

Art. 17.

Les bureaux de l'Administration centrale, ou les secrétaires des Conseils d'arrondissement, dresseront les rôles et les registres à souche desquels sont détachés les coupons pour quittances à fournir aux souscripteurs.

Art. 18.

Les percepteurs verseront le montant de leurs recettes entre les mains des receveurs généraux ou particuliers, qui en sont les dépositaires, aux conditions convenues entre eux et l'Administration centrale.

Art. 19.

Les dépenses locales de la Société sont mandatées sur les receveurs généraux ou particuliers, par le président du Comité cantonal, sous le contre-seing de l'agent-secrétaire du Conseil d'arrondissement.

De mois en mois, le reliquat des sommes déposées ès mains des receveurs généraux ou particuliers, est par eux expédié à l'Administration centrale, qui en fournit décharge.

Art. 20.

Les Comités cantonaux se réunissent en séance ordinaire, sans convocation préalable, le 5 de chaque mois, et en séance extraordinaire, sur la convocation de leurs présidents, toutes les fois que les besoins du service l'exigent.

Art. 21.

Ils procurent du travail aux associés à titre de mutualité portés sur les registres matricules du canton, lorsque ces associés en manquent; à défaut de travail, ils allouent des secours à domicile.

Ils instruisent toutes demandes à fin de pension ou d'avances de fonds.

Ils proposent, s'il y a lieu, l'application des art. 10, 11, 12, 13 et 17 des Statuts.

Ils adressent aux Conseils d'arrondissement le compte-rendu de leurs opérations et des expéditions, par extrait, de toutes leurs délibérations, en se conformant, sur tous les points, aux instructions spéciales publiées par l'Administration centrale.

Art. 22.

Les Conseils d'arrondissement se réunissent tous les trois mois, savoir : les 10 janvier, 10 avril, 10 juillet et 10 octobre.

Ils sont convoqués extraordinairement par leurs présidents, quand il y a lieu.

Ils arbitrent, pour toute la durée de chaque trimestre, la valeur des secours à distribuer à domicile dans l'étendue de leur ressort et canton par canton, en exécution de l'art. 18 des Statuts.

Ils revisent les opérations des Comités cantonaux ; ils les suppléent quand ils ne sont pas encore institués.

Ils approuvent les comptes des dépenses locales, arrêtent la caisse du receveur général ou particulier, donnent leur avis sur toute demande de pension ou d'avances de fonds, sur le mérite des garanties offertes en ce dernier cas, sur l'application des art. 10, 11, 12, 13 et 17 des Statuts, sur les acceptations ou répudiations des dons et legs.

Ils dressent le compte-rendu de toutes les opérations faites dans l'arrondissement, lequel compte est reproduit en double expédition par l'agent de l'Administration, secrétaire du Conseil, et transmis au directeur général et au préfet invité à en donner communication au Conseil général du département.

Art. 23.

Les agents de l'Administration, secrétaires des Conseils d'arrondissement, dressent et tiennent au courant les registres matricules de la Société.

Ils ouvrent autant de triples registres et feuilles de mouvement, qu'il y a de cantons dans l'arrondissement ayant fourni des souscripteurs.

Les noms des associés y sont inscrits par ordre alphabétique, avec leurs prénoms et l'indication exacte de leur âge, de leur profession, et du lieu de leur résidence.

Ils adressent, de mois en mois, au président de chaque Comité cantonal, l'exemplaire du registre et de la feuille de mouvement qui le concernent ; un deuxième exemplaire de tous les registres et feuilles de mouvement de l'arrondissement entier est transmis par eux au Directeur général, et le troisième demeure déposé aux archives du Conseil d'arrondissement.

Art. 24.

A Paris, sont établis, dans chaque quartier, des bureaux

dont les attributions sont les mêmes que celles des Comités cantonaux ; et, dans chaque arrondissement, des Comités ayant les mêmes attributions que le Conseil d'arrondissement dans les départements.

Art. 25.

Les bureaux de quartier et les Comités d'arrondissement sont composés de douze membres associés, six à titre de patronage, six à titre de mutualité, et d'un docteur en médecine, désignés par l'Administration centrale.

Art. 26.

Sont membres de droit des Comités d'arrondissement : le juge de paix, le maire, le colonel de légion de la garde nationale, les curés, desservants, vicaires et ministres des cultes non catholiques en fonctions dans l'arrondissement, le receveur des contributions directes.

Art. 27.

Les bureaux et les Comités d'arrondissement élisent, chaque année, leurs présidents et leurs secrétaires.

Ils se réunissent, savoir : les bureaux tous les mois comme les Comités cantonaux, et les Comités tous les trois mois comme les Conseils d'arrondissement, sans convocation préalable.

Ils sont convoqués extraordinairement par leurs présidents, pour affaires urgentes.

Art. 28.

Ils peuvent délibérer pourvu que le tiers au moins de leurs membres soient présents.

Leurs décisions sont prises à la majorité.

Art. 29.

Il sera pourvu, par un règlement spécial, aussitôt après que la Société sera définitivem ent constituée, à l'organisation des bureaux de l'Administration centrale et du service auquel sont attachés des agents salariés, tant à Paris que dans les départements.

Art. 30.

Des Commissions d'assistance, de l'un et de l'autre séxe, formées dans toutes les localités à l'aide du concours de l'autorité ecclésiastique et de l'autorité civile, seront chargées de visiter les associés sans travail, de s'enquérir de leurs besoins, de participer à la distribution des secours.

Art. 31.

La forme des demandes à fin de secours et de pensions, les pièces à produire à l'appui, seront déterminées par un règlement ultérieur.

Art. 32.

Une Commission de haute surveillance, ayant inspection sur la généralité des services de la Société, est instituée à Paris.

Elle se réunit extraordinairement, sur la convocation du président du Conseil supérieur.

Elle tient tous les ans une session ordinaire, du 25 au 31 décembre.

Elle nomme, pour chaque session, son président et son secrétaire.

Elle ne délibère qu'autant que la moitié de ses membres sont présents [1].

Art. 33.

Le Directeur général et les membres du Conseil supérieur assistent à ses séances : ils n'y ont point voix délibérative.

---

[1] Il est bien entendu que toutes les fois que, dans ce règlement, il s'agit de la fixation du nombre des membres des divers Conseils dont le concours est nécessaire pour la validité des délibérations, ne sont nullement compris dans cette indication les fonctionnaires, membres de droit, qui ne sont et ne peuvent être qu'invités à assister aux séances.

Art. 34.

La haute Commission de surveillance entend, en session ordinaire, le compte-rendu de toutes les opérations de la Société durant le cours de l'année qui finit; elle apure les comptes de l'exercice ; elle vote et arrête, sur les propositions du Conseil supérieur, le budget de l'année suivante.

Elle prescrit toutes les améliorations qu'elle juge à propos d'introduire dans les services généraux de la Société.

Elle déclare les cas de responsabilité encourus par le Directeur général, elle statue sur les réparations dont il peut être tenu.

Elle assure le maintien des principes de moralité et d'assistance mutuelle en vue desquels la Société est fondée ; elle réprime tous les abus et prend toutes les mesures nécessaires à la garantie pleine et entière des membres de la Société, à la prospérité de l'œuvre sociale, et prescrit dans son régime intérieur toutes les modifications qu'elle juge utiles.

Art. 35.

Sont invités à former la haute Commission de surveillance, concurremment avec quinze associés-fondateurs, élus par leurs coassociés en assemblée générale, au scrutin de liste et à la majorité relative :

Le président de l'Assemblée législative,

Le général commandant en chef la garde nationale de Paris,

Le général commandant la première division militaire,

L'archevêque,

Le gouverneur de la Banque de France,

Les premiers présidents de la Cour de cassation, de la Cour des comptes, de la Cour d'appel,

Les procureurs généraux près ces Cours,

Les présidents du tribunal civil, du tribunal de commerce et du Conseil des prud'hommes de la Seine,

Le préfet de la Seine, le préfet de police,

Les doyens des maires, des juges de paix, des curés et des desservants de Paris,

Les présidents des consistoires protestants et israélites,

Les doyens des Facultés de théologie, de droit et de médecine,

Le bâtonnier de l'ordre des avocats,

Les présidents de la Chambre des avoués, des notaires et des agréés au tribunal de commerce.

Art. 36.

En cas de partage dans les délibérations qui doivent être prises à la majorité au sein des diverses assemblées instituées par le présent règlement, la voix du président est prépondérante.

TABLEAU DES OPÉRATIONS DE LA SOCIÉTÉ

COMPOSÉE, PAR HYPOTHÈSE, DE 25,000 SOUSCRIPTEURS A TITRE DE PATRONAGE ET DE 100,000 A TITRE DE MUTUALITÉ.

—

Produit brut pour { de 25,000 souscriptions à 48 f.... 1,200,000 } 2,400,000 f.
chaque annuité { de 100,000 — à 12 .... 1,200,000 }

Non-valeurs à raison de 10,000 associés secourus et dispensés de verser leur cotisation pendant quatre mois .... 40,000 } 158,000

Prélèvement, pour frais d'administration, de 1/20ᵉ sur les recettes effectuées............................. 118,000 }

Restent en produit net............. 2,242,000

Part affectée au service de secours à distribuer à 10,000 associés durant quatre mois (120 jours) en moyenne, à raison de 1 fr. en moyenne aussi, par jour et pour chacun............... 1,200,000

Réserve annuelle pour le service des pensions, à placer au moins sur le pied de 4 p. % par an d'intérêts composés.......... 1,042,000

Intérêts d'un an....................... 41,680

2ᵐᵉ annuité. 1,042,000

TOTAL............. 2,124,000

Intérêts d'un an..................... 84,987

3ᵐᵉ annuité 1,042,000

TOTAL............. 3,251,667

Intérêts d'un an..................... 130,066

4ᵐᵉ annuité................................. 1,042,000

TOTAL............. 4,423,733

Intérêts d'un an..................... 176,959

5ᵐᵉ annuité................................. 1,042,000

TOTAL............. 5,642,682

Intérêts d'un an..................... 225,414

6ᵐᵉ annuité.................................. 1,042,000

TOTAL à reporter.... 6,910,000

	Report.................	6,910,000
	Intérêts d'un an.....................	276,000
7me annuité..		1,042,000
	TOTAL.............	8,228,804
	Intérêts d'un an.....................	329,152
8me annuité....................................		1,042,000
	TOTAL.............	9,579,000
	Intérêts d'un an.....................	383,990
9me annuité...................................		1,042,000
	TOTAL.............	11,025,954
	Intérêts d'un an.....................	441,036
10me annuité.................................		1,042,000
	TOTAL.............	12,508,392

produisant   500,359 fr. d'intérêts, lesquels, joints à la somme de 1,042,000 fr., montant de la 11me annuité donnent un total

de 1,542,359 fr., excédant de 42,359 fr. le chiffre de 1,500,000 fr., qui suffit à 5,000 pensions de 300 fr.

Nous n'avons indiqué, dans ce tableau, les résultats que tels qu'ils peuvent être au début même de l'association ; mais si chacun est bien *pénétré* de ses devoirs, si nul ne se fait illusion sur la situation *sociale* de la France, les souscriptions devront atteindre, en peu de temps, un chiffre en rapport, d'une part avec le nombre des personnes qui peuvent faire un sacrifice de quarante-huit francs par an, de l'autre avec le nombre des ouvriers qui doivent être assistés dans les moments difficiles. On peut admettre, sans exagération, que sur trente-six millions de Français, un million peuvent souscrire à titre de patronage, ce qui rend admissibles quatre millions de souscripteurs à titre de mutualité ; total cinq millions. C'est beaucoup moins que le nombre des hommes seulement.

Cela posé, que l'on fasse le calcul en multipliant chaque chiffre du tableau par quarante, et on aura pour résultat définitif 400,000 ouvriers secourus chaque année, durant quatre mois, et 200,000 recevant une pension de 300 francs!!!

Imprimerie de HENNUYER et Cᵉ, rue Lemercier, 24. Batignolles.

www.ingramcontent.com/pod-product-compliance
Ingram Content Group UK Ltd.
Pitfield, Milton Keynes, MK11 3LW, UK
UKHW022348120726
13694UKWH00004B/1749